KB242125

기획 윤구병

1943년 전라남도 함평에서 태어나 서울 대학교 철학과와 대학원을 졸업하고, 월간 〈뿌리 깊은 나무〉의 초대 편집장을 지냈습니다.
충북 대학교 철학과 교수로 있으면서 어린이 책 〈올챙이 그림책〉 〈어린이 마을〉 〈달팽이 과학 동화〉를 기획하고 펴냈습니다.
1995년 대학 교수직을 그만두고 전라북도 부안으로 내려가 농사를 지으면서 대안 교육을 하는 '변산교육공동체'를 세웠습니다.
20여 가구 50여 명이 모여 살며 논농사 밭농사를 짓고, 젓갈·효소·술 같은 것을 만들어 자급자족하면서 자녀들과 함께
공동체 삶의 소중함을 배우고 가르쳐 오고 있습니다.
지은 책으로 그림책 《우리 순이 어디 가니》 《바빠요 바빠》 《심심해서 그랬어》 《우리끼리 가자》 《당산 할매와 나》 《울보 바보 이야기》
《모르는 게 더 많아》가 있고, 《잡초는 없다》 《변산공동체학교 – 어제, 오늘 그리고 내일》 《꼭 같은 것보다 다 다른 것이 더 좋아》
《가난하지만 행복하게》 《흙을 밟으며 살다》 《자연의 밥상에 둘러앉다》 《꿈이 있는 공동체 학교》 들이 있습니다.

그림 이정현

1976년 서울에서 태어나 계명 대학교에서 서양화를 공부했어요.
가구를 만들고 인형 만드는 작업을 꾸준히 해 오고 있습니다.

통찰력 형성을 돕는 책
장다리꽃과 애벌레

초판 1쇄 발행일 1991년 | 개정판 1쇄 발행일 2011년 5월 30일
기획 윤구병 | **그림** 이정현 | **발행인** 김학원 | **편집인** 선완규 | **경영인** 이상용 | **편집장** 위원석 정미영 최세정 황서현 | **기획** 나희영 임은선 박인철 최윤영 김은영 박정선
조은화 김희은 김서연 정다이 | **디자인** 김태형 유주현 | **마케팅** 이한주 하석진 김창규 이선희 | **저자·독자 서비스** 조다영 함주미(humanist@humanistbooks.com)
스캔·출력 (주)로얄프로세스 | **용지** 화인페이퍼 | **인쇄** (주)로얄프로세스 | **제본** (주)책 다음
발행처 휴먼어린이 | **출판등록** 제313-2006-000161호(2006년 7월 31일) | **주소** 121-869 서울시 마포구 연남동 564-40
전화 02-335-4422 | **팩스** 02-334-3427 | **홈페이지** www.humanistbooks.com

장다리꽃과 애벌레

윤구병 기획 | 이정현 그림

봄이 왔어요.
개똥이 할머니가 텃밭에 무씨를 뿌렸어요.
개똥이네 텃밭

무잎이 무럭무럭 자랐어요.
'사그락 사그락'
이게 무슨 소리일까요?

조그마한 애벌레가 무잎을 갉아 먹고 있어요.
"아야야!"
무잎은 몹시 아팠어요.

"아이, 징그러워. 어서 저리 가!"
무잎이 소리쳤어요.
"아프게 해서 미안해."
애벌레는 밭에서 쫓겨났어요.

13

무잎에서 줄기가 나오더니 장다리꽃이 활짝 피었어요.
"아이, 예뻐라!"
지나가는 새들이 말했어요.

어디선가 노랑나비가 날아왔어요.
흰나비도 날아왔어요.
장다리꽃은 나비들한테
손을 흔들었어요.

장다리꽃에 노랑나비가 앉았어요.
"나비야, 고마워."
장다리꽃은 몹시 기뻤어요.
나비가 앉아야 씨를 맺을 수 있으니까요.

"내가 누군지 알아?"
나비가 물었어요.
장다리꽃은 고개를 저었어요.
"네가 징그럽다고 했던 애벌레야."

20

장다리꽃은 부끄러워서 어쩔 줄을 몰랐어요.
"미안해. 다음에는 안 그럴게."
장다리꽃이 조그맣게 말했어요.
"잘 있어. 씨 많이 맺어라."
나비가 너울너울 날아갔어요.

4-24

장다리꽃에 무씨가 많이 맺혔어요.
무도 먹음직스럽게 여물었어요.
고마운 나비 덕분이에요.